O MANUSCRITO PERDIDO

José Barahona

TORDSILHAS

Copyright © 2012 José Barahona
Copyright © 2012 Tordesilhas

Todos os direitos reservados. Nenhuma parte desta edição pode ser utilizada ou reproduzida – em qualquer meio ou forma, seja mecânico ou eletrônico –, nem apropriada ou estocada em sistema de banco de dados sem a expressa autorização da editora.

O texto deste livro foi fixado conforme o acordo ortográfico vigente no Brasil desde 1º de janeiro de 2009.

PROJETO GRÁFICO Rodrigo Frazão, a partir do cartaz do filme *O manuscrito perdido*, concebido por Marcelo Pallota
CAPA Cesar Godoy, a partir do cartaz do filme *O manuscrito perdido*, concebido por Marcelo Pallota
REVISÃO Andresa Medeiros e Bia Nunes de Sousa

1ª edição, 2012

Dados Internacionais de Catalogação na Publicação (CIP)
(Câmara Brasileira do Livro, SP, Brasil)

Barahona, José
  O manuscrito perdido / José Barahona. São Paulo : Tordesilhas, 2012.

  ISBN 978-85-64406-44-5

  1. Crônicas portuguesas I. Título.

12-11258   CDD-869.3

Índice para catálogo sistemático:
1. Crônicas : Literatura portuguesa 869.3

2012
Tordesilhas é um selo da Alaúde Editorial Ltda.
Rua Hildebrando Thomaz de Carvalho, 60
04012-120 – São Paulo – SP
www.tordesilhaslivros.com.br

Aos meus pais, à Graça e
ao Armando, à Carolina, à Alice
e ao Gabriel dedico este livro.

SUMÁRIO

O manuscrito de José Barahona, prefácio de Nelson Pereira dos Santos ... 7

Lisboa 12

Salvador 19

Cairu 27

Boitaraca 35

Boipeba 45

Coroa Vermelha 53

Assentamento sem-terra 65

Acampamento dos sem-terra 73

Barra Velha 81

Rio de Janeiro 93

Diário da filmagem 101

Agradecimentos 134

O MANUSCRITO DE JOSÉ BARAHONA

Em 1900 Eça de Queirós publica A *correspondência de Fradique Mendes*, personagem fictício criado por ele, Antero de Quental e Batalha Reis. Os três chegam a escrever poemas na imprensa lisboeta e carioca, a partir de 1869, atribuídos ao personagem, adotado como porta-voz de ideias abolicionistas e libertárias.

Em 1997 o escritor angolano José Eduardo Agualusa apropria-se de Carlos Fradique Mendes e o desenvolve no romance *Nação crioula*, contando a saga do homem que, além de pensar sobre as questões já evocadas por seus criadores, transforma as ideias em ações de alforria e distribuição de terras entre os escravos, o que lhe custaria caro: é obrigado a abandonar a Bahia e refugiar-se em Portugal, pressionado pelos senhores de terra escravocratas.

O cineasta português José Barahona vai além. Ao tomar como ponto de partida uma missiva endereçada ao romancista africano, faz a viagem de Fradique em direção ao Mosteiro de Cairu, na Bahia, em busca do manuscrito perdido do libertário aventureiro do século XIX.

Numa linguagem *fake* de documentário, enumera as mazelas sociais brasileiras: a eterna questão da terra, a exploração como característica das relações econômicas de um capitalismo recentemente saído do casulo feudal e ainda primitivo, a tragédia dos povos indígenas.

Realiza um filme emocionado pelos personagens que encontra, sem intenção de ser etnográfico ou sociológico. E essa é uma das grandes riquezas do trabalho, marcado por profunda humanidade.

Nessa "redescoberta" do território brasileiro em busca do manuscrito, acontece uma desmistificação da verdade histórica e da retórica da maioria dos documentários que se pretendem investigativos.

Nessa viagem, que termina no Real Gabinete Português de Leitura no Rio de Janeiro, a imponente biblioteca manuelina da Praça Tiradentes, hipoteticamente depositário do documento, Barahona revela-se um cineasta comprometido com o mesmo senso de humor daqueles que o antecederam na invenção desse personagem fantástico. O humor que caracteriza os grandes artistas de todos os tempos.

Nelson Pereira dos Santos

*Nem todas as histórias têm de ser reais
para se tornarem verdadeiras.*

LISBOA

Caro José Eduardo Agualusa,

Apesar de não nos conhecermos pessoalmente, atrevo-me a escrever-lhe, pois gostaria de lhe pedir ajuda para um filme que estou a fazer. Recentemente viajei pela Bahia, no Brasil, visitando a zona a sul de Salvador. Aí naveguei através de um longo braço de mar até à ilha de Boipeba e passei ao largo da pequena cidade de Cairu.

No barco encontrei um franciscano que me contou que existia no mosteiro da cidade um velho manuscrito da autoria de Fradique Mendes, que, no final do século XIX, perseguido por fazendeiros escravagistas, ali o teria deixado.
Sei que há poucos anos publicou um livro reunindo parte da correspondência de Fradique Mendes, relativa à sua passagem por Angola e pelo Brasil.

Tudo isto me parece constituir um tema interessante para um filme. Será que me poderia ajudar a saber mais sobre esse personagem e esse texto?

Com os melhores cumprimentos,

José Barahona

Caro José Barahona,

Terei o maior prazer em ajudá-lo no seu filme, tanto quanto me for possível. Proponho-lhe aliás que me visite e assim poderemos conversar melhor sobre Fradique Mendes.

Cumprimentos,

José Eduardo Agualusa

– Fradique Mendes foi um personagem muito interessante do século XIX, o Eça de Queirós considerava-o mesmo o português mais interessante do seu tempo. Começou por chamar a atenção ao publicar uma série de poemas satanistas em jornais portugueses.

"O Eça, o Ramalho Ortigão, tornam-se amigos de Fradique. O Fradique, que vivia em Paris, visita Lisboa várias vezes, trocando correspondência com todos os principais intelectuais do seu tempo. Após a sua morte, o Eça de Queirós organiza e publica a correspondência que ele deixou.

"Eu encontrei uma outra parte da correspondência do Fradique Mendes que se julgava perdida. Foi uma história disparatadíssima: eu estava no Recife, a nadar na praia, e um sujeito vem ter comigo, reconhecendo-me porque eu tinha aparecido na televisão poucos dias antes. Diz-me que herdou da avó algumas cartas de Fradique Mendes. Nessa mesma tarde fui à casa dele. Tratou-se de um completo acaso.

"Essas cartas eram sobretudo dirigidas a uma personagem muito curiosa da história de Angola, dona Ana Olímpia, uma senhora que chegou a Luanda, vinda do norte de Angola, como escrava, transformando-se, nos anos seguintes, numa das mulheres mais ricas do país como escravocrata.

"Então o marido morre, e ela volta a perder a liberdade. Um irmão do falecido vem do Brasil e toma conta de todas as propriedades. Dona Ana Olímpia, consegue enviar uma carta a Fradique, e ele vai a Luanda libertá-la. Fogem juntos para o Brasil, compram uma fazenda e têm uma filha.

"Ouvi falar no manuscrito de que trata este filme, muito vagamente, que teria havido um texto, uma tese, um ensaio do Fradique na altura em que ele se envolveu com o movimento abolicionista. Teria escrito um ensaio para chamar a atenção sobre a escravatura."

SALVADOR

Meu caro Agualusa,

Depois da nossa conversa em Lisboa, resolvi ir ao encontro do manuscrito para fazer este filme.

Antes de me dirigir a Cairu, passei um dia em Salvador. É verdade que no Mercado de São Joaquim, tal como você me tinha dito, por vezes não sabemos se estamos em África ou no Brasil.

Conversei com algumas pessoas. Quando falei deste filme ao Joca, um vendedor de "Galo, galinha e frango, bode, cabra, saquê, pato e pombo. Produto de umbanda em geral, quimbanda, ketu, angola. Tudo para qualquer religião!", ele disse-me que tinha muita coisa para contar:

– O navio negreiro, ele trouxe os negros de África no Brasil para trabalhar. Mas aí surgiu a Lei Áurea, onde libertou os negros no Brasil, você entendeu? Onde libertou os negros no Brasil. E fundou o quê? Pode cultuar o candomblé, certo? Porque era uma cultura que era abafada naquele tempo, certo? A Católica, como começou a educar os negros, chegava, pegava um santo e dizia: "Este é o Senhor... é Jesus". Mostravam a imagem de Jesus ao negro. O negro entendia, mas para poder cultuar do modo 'áfrico' ele dizia: "Este aqui é Senhor do Bonfim". Então ficou Senhor do Bonfim, o Pai Oxalá, você entendeu? Cultuado hoje por muita gente de cor, tanto preto como branco, o Pai Oxalá.

— O jatobá, ele é uma casca, que ele serve para os ossos, as juntas. Você toma um chá de jatobá e você tira até dor nos ossos, com chá disso aqui —

disse-me ainda no mercado o Ney da Cana. Mas a nossa conversa mudou rapidamente de rumo.

— Eu, até hoje, não sou advogado, nunca fui governador, nunca fui nada, sempre fui do comércio informal. Quer dizer, eu não tive oportunidade, como muitas pessoas também não teve oportunidade... entendeu? E a maioria dos negros, eles vêm de família pobre. Os senhores de engenho era tudo branco. Já tinha aquela raiz de rico, tudo branco. No Brasil, essa raiz vem de longe.

"Eu vendo cana aqui. Meu pão de cada dia eu tenho, graças a Deus, mas tem pessoas que não têm, chegam aqui pedindo um pedaço de cana, chega aqui pegando uma fruta, batalhando aqui para ganhar cinco contos ali, dez contos ali, que oportunidade tem uma pessoa dessas? Dali ele se ajunta com outra criatura, daqui a pouco ele faz filho.

Como tem pessoas de rua que têm dois, três filhos. Que oportunidade têm essas crianças? E vai crescendo. E não é só em Salvador, não. Isso acontece em todas as cidades do Brasil. Porque a classe mais pobre é a que mais faz filhos. Se você tem uma boa condição, você não quer ter dez filhos, não quer ter cinco nem seis, quer ter um casal, três no máximo. Você já viu rico com muito filho? Não tem.

"Então o pobre, ele não tem raciocínio, porque ele também não estudou para ter esse raciocínio. Se ele parasse para pensar, ele não faria isso."

Depois dessa conversa, o Ney da Cana convidou-me para ir à casa dele, mas para mim Salvador era apenas um ponto de passagem. O encontro no mosteiro dominava a minha atenção.

CAIRU

Viajamos todo o dia. Primeiro de carro. Depois, descendo o rio em direção a Cairu, tive vontade de parar nesta pequena vila ribeirinha, onde poderia conhecer uma comunidade quilombola: os descendentes dos escravos africanos de que me tinham falado no mercado. Mas Cairu, por enquanto, era o meu destino.

No mosteiro de Cairu fui recebido pelo frei Luís.

– No documento, Fradique explicava por que ele havia libertado os seus escravos dessa fazenda que ele tinha no norte de Salvador. Isso criou um grande problema para ele junto aos fazendeiros daquela mesma região, que tentaram matá-lo por conta dessa atitude. Então ele resolveu voltar para a Europa e preferiu não seguir um roteiro óbvio.

"Ele veio para Cairu e aqui chegando resolveu deixar o documento sob a guarda do mosteiro porque ele tinha medo que esse documento se perdesse, se destruísse. E de Cairu ele foi para Boipeba, que é uma ilha que tem perto daqui. Depois ele atravessou a ilha toda andando até chegar num local chamado Cova da Onça e lá ele pegou um barco, foi para Porto Seguro, para de lá ir para o Rio e daí para a Europa.

"Isso é o que falam aqui. Esta é a história que está sendo contada de boca em boca, por gerações, mas eu não posso lhe garantir que é a verdade perfeita, total, mas é isso que se fala."

E eu posso ver o manuscrito?

– Infelizmente não é possível. Tem uns três meses que nós mandamos esse documento para o Real Gabinete Português de Leitura, lá no Rio de Janeiro. Eu tive receio desse documento se perder por aqui, primeiro por causa dos cupins, e depois com a reforma, entrando muita gente aqui no mosteiro, eu pensei que lá ficaria melhor guardado e permitiria o acesso de pesquisadores, estudiosos, curiosos sobre essa história, sobre esse manuscrito.

Não imagina, caro José Eduardo, a minha frustração. Cheguei a perguntar-me se não teria feito esta viagem para nada. Mas o frei Hilton, o outro franciscano do mosteiro, saindo naquele instante do seu retiro, dispôs-se a ouvir as minhas perguntas.

– A Igreja, ela entrou numa concordância brutal e muito malévola. Ela aprovava as coisas que o rico determinava. O negro não tem alma, o negro não tem espírito, o negro é peça. O negro é peça! Como é que a Igreja podia ver isso e aceitar essa proposta? Daí começa a fuga dos negros para os quilombos, para dentro dos sertões etc.

E aqui ainda tem muita comunidade quilombola?

– Tem a associação deles, de proteção aos quilombolas. Aí tem o problema das terras e dos quilombolas etc., né?

Qual é o problema das terras?

– Porque tendo um grupo de quilombolas, então se eles não têm onde morar, eles não têm terra, e pronunciarem que aquela terra é deles, o governo libera as terras para eles. Pode ser de quem for, as terras pertencem aos quilombolas. E por isso os fazendeiros já estão sentindo o efeito disso aí. É mais importante nesse ponto de vista do que o MST. E por isso eu fui muito perseguido lá dentro dessas áreas.

Foi a mesma coisa que aconteceu com o Fradique Mendes?

– É. Primeiro que ele desapropriou a vida de escravidão na sua própria terra, ele deu liberdade aos seus escravos. Ele esperava que essa realidade acontecesse em todo o Brasil, que não houvesse nem escravos nem tampouco o problema dos próprios portugueses que vinham como degredados para o Brasil, e que houvesse liberdade para os índios. E o mais importante que ele queria é que não houvesse raça no Brasil escrava, presa a ninguém, que fossem todos livres, de uma sociedade livre e que houvesse um direito de trabalho, com os seus salários justos e uma vida digna para os moradores tanto negros, índios e brancos.

"Que o nosso país é um país miscigenado de raças e de cores. Eu sou descendente de português com espanhol, mas já do lado da minha família X tem a negritude, eu tenho famílias negras, mas que uma certa posição não aceita. Por coincidência, meus irmãos, a maior parte, casaram com gente de cor, mas é o Brasil e o Brasil é isso aí."

BOITARACA

– Mesmo que já tinha tido a liberdade, sempre tinha aquele receio dos brancos. Ninguém queria saber dos brancos?! Não! Quando nós víamos um branco, aquilo era o maior medo que nós tínhamos. Pensava que só vinha tirar proveito dos negros. E aí todo o mundo se guardava, tinha medo mesmo. Você não vê esse Tiuca aí, a cidade vizinha? Até hoje eles ainda têm aquele negócio, aquele racismo por causa de cor. Ninguém ia em festa aí nesse Tiuca... porque eles chicanavam da gente porque era escura, entendeu? Ninguém ia lá de coração limpo.

"Nós sofremos muito aqui dentro por causa disso, sabe? Graças a Deus que Deus limpou a maldade do olho de cada um que tinha com a cor negra. Mesmo assim ainda tem um pouquinho, mas está melhor do que o que era."

E África, significa alguma coisa para a senhora?

– A África?

Dona Celina espreita pelo canto do olho para o seu braço, levantando-o levemente da mesa onde estava apoiado e reafirmando perante mim, e perante ela própria, a cor da sua pele.

– É porque nós somos da África, deve significar muita coisa para a gente, porque... a gente, por exemplo, minha avó tinha família que a gente não conheceu, conheceu a avó, e os irmãos e os pais dos avós não sei de onde veio, nem sei onde ficou. Cadê o resto da parentela toda, né? Eles tiveram mãe, eles tiveram pai, eles tiveram irmã, e a gente não conheceu esse povo, não sabe nem onde ficou. E os outros que ficou lá?

Em Boitaraca, pude por fim conhecer os quilombolas.
O manuscrito... Logo se veria.

Boitaraca foi fundada por duas famílias de escravos fugidos que aqui se vieram esconder no meio do mato. Durante anos os seus descendentes viveram isolados e ainda hoje formam uma comunidade muito fechada. Os mais velhos, como a dona Celina, lembram-se de os seus avós contarem esta história.

Mas no fundo ninguém parecia ligar muito ao passado, tal como a Edna, casada com o único branco da pequena cidade, grávida de sete meses e mais interessada em falar da sua vida e do presente.

– Tô feliz com o meu bebê. Tô esperando ele com amor e carinho, assim como esperei os outros, também estou esperando este também em nome de Jesus. Não foi programado, não vou dizer que foi porque não foi. Quando eu percebi, já tinha acontecido e eu não pude fazer mais nada. Só resta esperar.

Você tem quantos filhos?

— Eu? Eu ao todo tive nove, vai completar dez com esse. Tive nove, tenho três lá no céu e tenho... e tenho... sete vivos.

Edna hesita, faz as contas com dificuldade.

— Minha avó me criou com muito amor, com carinho, mas a minha madrasta, ela não. Eu não tive amor de mãe, só tive o amor de meu pai e o amor da minha avó. E hoje meu pai também é uma pessoa que não pode me dar aquilo que ele sempre sonhou me dar. Depois aconteceu eu pegar família, eu passei a morar aqui nesta casa. Eu pensei que o pai dos meus filhos gostasse de mim, que foi a ele que eu me entreguei, mas ele só fez fazer os filhos e largar e se mandou. E Deus mandou essa bênção que hoje mora comigo, ele bebe um pouquinho e eu não gosto. Às vezes passa dois dias bebendo, mas hoje eu posso dizer assim, eu sou uma mulher feliz.

Enquanto Edna e a filha lavavam a louça e cantavam uma canção aprendida na nova igreja que há pouco tempo chegara à cidade, eu perguntava-me se ela seria realmente feliz. O que é fato é que este Deus não castigava os seus pecados e, para ela, parecia ajudar nas misérias e nos sofrimentos da sua vida, aceitando a sua condição.

– Quero que valorize o que você tem
Você é um ser, você é alguém
Tão importante para Deus
Nada de ficar sofrendo angústia e dor
Nesse seu complexo inferior
Dizendo às vezes que não é ninguém

> Fiquei sem saber o que fazer. O manuscrito perdido era o ponto de partida para este filme. Sem ideias claras, deixei-me ir ao longo destes canais formados pelos enormes braços de mar que me levariam à ilha de Boipeba e percebi que, com isso, não fazia mais que seguir o percurso de Fradique Mendes na sua fuga para o Rio de Janeiro. Resolvi, então, segui-lo até ao fim. O manuscrito, afinal, ao contrário do que pensava, poderia ser o ponto de chegada.

De qualquer maneira, iria demorar muito mais tempo do que pensara. Você bem me tinha avisado, o Brasil é mesmo um país muito grande.

BOIPEBA

Atravessamos a ilha de Boipeba com o Alain, o guia local. Com ele vieram o Pedaço e a Vadia, a mula que carregou o nosso equipamento.

Ao caminhar nestas praias, eu perguntava-me o que teria encontrado Fradique Mendes quando também ele atravessou a ilha. Pensei também nos náufragos portugueses que aqui pela primeira vez se encontraram com os índios no início do século XVI. Olhando em volta, imaginei os índios escondidos no mato, espreitando ameaçadoramente as vítimas fortuitas da sua gula. Mas há muito tempo que isso deixou de ser um perigo.

– Os meus avós maternos eram índios e os meus avós paternos, negros. Meu pai na verdade é sarará. Eu não sei em que momento foi a mistura, mas ele é sarará, ele tem traços de negro, mas a pele branca, olho claro, o cabelo duro. Apesar da gente ter essas influências de vários povos, de índio, de negro, de branco, não é mais nem uma coisa nem outra, é o que surgiu. Sou brasileiro. E feliz por ser brasileiro.

"Eu acho que estas influências todas nos habilitam a construir um futuro, uma nação muito mais forte economicamente, culturalmente, do que o europeu ou qualquer outra nação. A gente tem todas as influências, a gente tem esse hábito de receber o que é estrangeiro, a gente bebe da fonte e transforma a partir do nosso ponto de vista. Isso eu poderia dizer que é uma nova forma de canibalismo."

Cova da Onça era um lugarejo situado num dos extremos da ilha e que também se mantivera isolado durante anos, só acessível por mar ou através da longa caminhada que acabávamos de fazer. Alguns dos seus habitantes eram loiros de olhos claros. Algo fora do comum na Bahia de pesada herança africana. Alguns diziam que tinha ali havido uma invasão holandesa. Outros, que um grupo de gregos viera mergulhar em busca de tesouros antigos e por ali ficara.

Outros, ainda, falavam de Fradique, que na sua fuga, demorando-se mais do que o perigo de que fugia aconselhava, teria deixado aqui descendência. Qual a verdade dentro de todas essas histórias? Isso, meu caro Agualusa, é algo que acho que nunca saberemos.

Na manhã seguinte partimos para a zona de Porto Seguro. Demoramos apenas três dias a chegar ao local onde Pedro Álvares Cabral avistou terra brasileira.

Lembrei-me então de algumas passagens da carta de Pero Vaz de Caminha:

"E neste dia, a horas de véspera, houvemos vista de terra, isto é, primeiramente d'um grande monte, mui alto e redondo, e d'outras serras mais baixas a sul dele, e de terra chã com grandes arvoredos, ao qual monte alto o capitão pôs nome o monte Pascoal, e Terra de Vera Cruz.

E o capitão mandou no batel, em terra, Nicolau Coelho para ver aquele rio. E tanto que ele começou para lá d'ir, acudiram pela praia homens. Eram ali dezoito ou vinte homens pardos, todos nus, sem nenhuma cousa que lhes cobrisse suas vergonhas."

COROA VERMELHA

– Foi aqui que foi a invasão de Cabral. Cabral não descobriu o Brasil, Cabral invadiu o Brasil. Porque quando ele chegou aqui os índios já eram donos disto aqui. Como que ele descobriu? Como que eu vou descobrir sua terra se você já está lá? Agora se dissesse assim, Cabral encontrou os índios no Brasil. Ah sim, aí agora eu me conformo, conformo e chego perto da natureza e fico à vontade. Mas dizer que descobriu o Brasil, uma coisa que já está descoberta. Aí isso não é história de verdade, é uma mentira que surgiu. Nas escolas cansei de ver os meninos, "Quem descobriu o Brasil? Foi Cabral". Hoje não, a história está diferente. Quem invadiu o Brasil? Foi Cabral.

"Desde os primeiros séculos que a história vem dizendo que a terra não tinha dono a não ser o índio, que esta nação desta costa do Brasil aqui afora, esse lateral aqui, não tinha outra nação a não ser índio. Hoje, para um índio ser dono de uma terra, ele precisa brigar para tomar o pedacinho que ele quer. Não está certo. Você faz uma fazenda, mas quando souber que aquela área pertence a índio, já você vai ficar com raiva porque o índio vai tomar sua terra e você não vai gostar. Aí é hora da briga, você está com dinheiro, coloca logo polícia, coloca pistoleiro e aí o que é que acontece? Vai matar muito índio, o índio vai lá e mata o branco também, e essa é que é a demanda. Enquanto não precisava isso. Mas hoje é diferente porque o índio vai lá no cartório, registra, faz o Incra não sei de quê, e o índio não tinha precisão disso, agora ele é obrigado a entrar na mesma linha para ser dono da área que é dele. Está errado, mas como o erro é humano e Deus quer assim, então a gente tem que correr na mesma linha para poder ter seu direito livre, certo?"

Coroa Vermelha é o local onde, segundo o pajé Itambé, Cabral invadiu o Brasil. Itambé foi dos primeiros índios que há relativamente pouco tempo aqui se fixaram, e hoje a aldeia é reconhecida como território indígena pataxó. É um local turístico. Para uns, o local onde nasceu o Brasil, como está inscrito na lápide comemorativa dos quinhentos anos da "descoberta"; para outros, do "achamento" ou então da "invasão", como diz o pajé. Mas os índios tomam hoje proveito da história e tornaram o lugar num mercado de artesanato que assegura a prosperidade da aldeia. O Capim Bára é um dos dirigentes indígenas que exibe mesmo na sua postura física a sua orgulhosa herança cultural.

– Aqui existe uma nação que é o povo indígena pataxó, eles são um povo que... vamos dizer assim... de várias cores. Tem índio preto, branco, moreno, por causa de quê? Desde 1500 para cá teve uma mistura enorme. Esse povo se misturou com negro, português e outras raças, até mesmo com outra raça de índio, então a mistura ficou tão fechada que hoje a gente sofre muito preconceito aqui na região da Bahia, principalmente pataxó. Diferente do povo da Amazônia, que lá está intocável, tem lá cinquenta anos de contato, nós temos aqui quinhentos e nove anos de contato, a maioria das pessoas ainda queria que aqui topasse índio nu, pelado, aquele índio selvagem, então a gente tá aqui para esclarecer o mundo que nós, índios... o passado foi passado, o que nós queremos hoje é uma harmonia e um conhecimento e um respeito em várias culturas, sabe? Então hoje o português chega aqui, ele topa uma nação de índio diferente do que o seu bisavô chegou aqui no passado. É o caso do meu bisavô. O meu bisavô, quando estava aqui, talvez ele foi abordado pelo português. Queriam escravizar os índios e não conseguiu. Hoje o índio tem nome de preguiçoso. Por quê? Porque os portugueses não conseguiram escravizar os índios. Eles foram obrigados a ir até lá fora buscar os negros para poder trabalhar. Nós tínhamos uma abundância de pau-brasil aqui no Brasil, muito minério, muito ouro que foi arrastado daqui para fora.

Ao olhar para estes homens "pardos", relembrei algo que não sei onde aprendi: que já aqui estive há quinhentos anos e que essa glória é algo que me implica, de que deveria sentir-me orgulhoso.

Mas aqui perante os índios, por causa dessa herança, senti um certo mal-estar. Em Coroa Vermelha tive até algum receio de que recebessem mal o português que apareceu para filmar, fazer perguntas e escrever mais uma carta convencido de que fez uma descoberta. Mas nada disso aconteceu.

— Essa área aqui é uma área que ainda está em demarcação ainda, ainda não foi demarcada pela Funai. Ainda está em processo. É por isso que a gente não construiu aqui ainda, por isso é que só pode fazer barraco, assim essa cabaninhas, esse jeito assim, mas construir ainda não pode, até agora.

"Aqui, esse dono dessa terra aqui, ele mora num país estrangeiro, não sei em que país é, não sei se é na Argentina.

"Não, é nos Estados Unidos onde ele mora, o dono dessa terra aqui. É um cara muito rico, ele. E na época eles compraram muita terra barata.

"Aí ele mora lá, e eles têm... não é só essa aqui, também têm várias terras fora, que ele tem. Então é da pessoa que tem bastante grana, né, e aí quer ter seus lavados de terras, quando tá lá nos Estados Unidos. E aí o pobre é que fica lutando para adquirir um pedacinho de terra para fazer um barraco e não consegue."

A um dia de viagem de carro e ainda muito perto do monte Pascoal, fica a Aldeia Gitaí. A aldeia Gitaí é um acampamento índio nas imediações de uma área já atribuída aos sem-terra e reclamada pelos índios como território histórico ancestral. Habitam à vista uns dos outros, separados por uma estrada e uma bandeira.

Para quem chega, a situação é tensa e sobretudo desconcertante. De fato, parece que todo o resto os une. Percebi que era melhor não falar muito sobre esse conflito e aproveitei para conhecer os sem-terra.

ASSENTAMENTO SEM-TERRA

— Reforma agrária não é pra qualquer um, não, o processo não é fácil, não. É muita luta, muito sofrimento, mas vale a pena sofrer.

"Um dos meus irmão morreu matado, o outro morreu com hepatite, já adulto. O meu primeiro irmão que mataram, eu não estava aqui nessa região. E quando eu soube já tinha três dias que tinha sido enterrado. Aí foi matado de faca, duas facadas, por trás das costas, atingiu o coração, e eu não estava aqui para poder ajudar na hora que ele mais precisou de mim.

"E através disso aí também que eu sofri demais com a perda do meu irmão. Eu queria que o meu irmão tivesse aqui vivo. Os meus dois irmãos, um perdi com hepatite... Por isso que tomei raiva da cidade, através disso.

"Que os meus irmãos foram criados em roça. Nós todos foi criado em roça. A partir que o fazendeiro botou meu pai de lá para fora, dezoito anos de fazenda, pegou uma casinha na cidade e deu para o meu pai morar, meus irmãos não tinham pra onde trabalhar. Nós não conhecíamos ninguém na cidade, meus irmãos começou a entrar no vício da droga. Começou a usar droga e foi a droga que acabou com eles. Eu fiz uma jura que eu ia lutar até ao fim para tirar meus filhos da cidade para mim não ver meus filhos acabar como os meus irmãos acabou. E eu lutei, e graças a Deus eu consegui."

Embora eu tentasse não me afastar muito do meu caminho e do manuscrito que me esperava no Rio de Janeiro, as personagens deste filme acabavam sempre por me levar de lugar em lugar. Fizemos um desvio de algumas horas. Nada de significativo numa viagem de dois mil quilômetros.

Durante esse tempo eu perguntava-me se os sem-terra teriam realmente lugar neste filme. Mas, meu caro Agualusa, não seriam também eles o resultado da história? Os herdeiros de todas essas lutas, que aqui não são suportadas em motivos de raça ou cultura, mas nas grandes diferenças sociais que neste país são evidentes por toda parte. O que parece é que este país ainda se está a ajustar, ainda está em formação, as pessoas procuram o seu lugar, seja através de uma herança cultural ou apenas de um pedaço de terra. Afinal, passaram-se apenas pouco mais de quinhentos anos.

ACAMPAMENTO DOS SEM-TERRA

— Nós morávamos mais o meu avô, e meu avô resolveu não dar mais sustentação para a gente. Minha mãe era cega. Aí decidimos ir pedir esmola. E saímos ali e além, pedindo esmola a um e a outro. Agora eu tinha vontade de aprender a ler e escrever, mas não tinha como ir à escola porque eu não permanecia no lugar que nós morava. Mas um certo dia eu pedi à minha mãe que comprasse um ABC pra que eu aprendesse a ler. Então ela comprou um ABC para mim e eu saí pela rua, mesmo pedindo esmola, e pedia a um e a outro para que me ensinasse o ABC. E houve muitas vezes, eu encontrei pessoas que me falou que: "Para quê filho de cego quer aprender a ler e escrever?" Eu saía ali muito escabriado e continuava a minha jornada de pedir. Na frente encontrava com outro, aí pedia e o outro já me ensinava o ABC. E aquilo foi continuando, lendo e pedindo, lendo e pedindo, e certos anos para a frente, eu decidi não pedir mais esmola porque eu já estava crescido e a minha mãe me perguntou o que é que eu ia fazer. Eu digo: "Vou trabalhar." Eu quando continuei trabalhando tirei minha mãe de pedir esmola, mas graças a Deus e ao povo, eu aprendi a ler e a escrever, aprendi, fiz um supletivo do primeiro grau e continuei a minha vida no trabalho. Eu não tenho computação, mas eu tenho "tilógrafo". Certos anos para a frente, eu me casei. Criei meus filhos. Fui administrador de fazenda, mas não tive condições de render mais. Resultado que eu fiquei sem mercado de emprego e fui obrigado a vir aqui para o movimento, para que eu consiga um pedaço de terra para eu acabar de sustentar pelo menos a minha família. E a minha história é essa.

"Na nossa idade pra emprego é difícil, né. Ninguém quer um velho…

"Aí nós não conseguimos, né, já passei da idade de mercado. E a minha vida continua aqui debaixo da lona até o dia que Deus quiser e os homens."

– Eu acredito, do jeito que eu sou, eu acredito que sim, né. Eu acredito que eu seja bastante vaidosa.

"Tem gente aqui até que nem gosta do meu jeitão, que diz que eu sou muito querendo ser a tal, mas não é; é o meu jeito, o meu jeito é esse, entendeu? Sou comunicativa, em todo lugar eu estou conversando, eu estou rindo. Aí muitas pessoas não se agradam com o meu jeito, mas o que é que eu vou fazer? Se nem Jesus agradou todo o mundo, eu é que vou agradar? Eu, não! Eu me sentindo bem comigo mesma é o que importa."

Como é que é a vida aqui no acampamento?

– É bastante difícil, principalmente quando está assim um temporal que nem esse. Quando cheguei aqui o meu barraco estava lascado ali. E eu tenho marido, mas ele não fica aqui comigo, né, que ele tem os afazeres dele lá na rua. Então a maioria do tempo eu fico só aqui, aí eu dependo de um colega, dependo de um companheiro para vir aqui me ajudar. Porque eu sou gordinha, sou assim meio pesadinha e se eu for subir numa escada, né, eu desmorono de lá de cima e já era, pronto. Para poder montar tudo de novo vai dar trabalho. Aí eu saio pedindo a alguns amigos para me ajudar. Graças a Deus, todo mundo vem cá, tem a boa vontade de me ajudar. Mas é difícil. Tem que carregar água na cabeça, tem que ir para o rio lavar prato, tem que voltar.. Não é bom, não. Com a vida que eu tinha antes, mudou cem por cento, eu posso dizer.

Qual era a vida que você tinha antes?

– Eu era baiana, mexia com acarajé. Trabalhei em Ilhéus vinte e cinco anos praticamente, né? Então a minha vida era outra. Era de tarde ir para o meu ponto, fazer o meu acarajé... E todo o mundo saber: "Vou lá na baiana!" Então, minha vida antes era bem legal, né? Bastante agitada assim, saía... Agora não, tenho que ficar aqui, tem que ficar correndo atrás do objetivo. Que meu objetivo é conseguir meu pedaço de terra, ter minhas roças. Por sinal, eu já tenho quinhentos pés de limão já plantados esperando minha terra sair para jogar dentro dela. Então é isso. Comprei já uns gadinhos colhendo café. Não fico só aqui, não. Quando é na apanha do café, eu me pico para as roças e aí me transformo numa verdadeira mulher do campo. Boto os meus trajes e me transformo. E aí vou puxar café.

BARRA VELHA

Na Aldeia-Mãe Barra Velha, a terra foi atribuída aos índios há mais de cinquenta anos. Aqui esse problema já não se põe.

Nestes lugares é difícil fugir à tentação de procurar uma essência, uma pureza primordial. A pureza com que *imaginamos o mundo no passado, esse passado em que a terra era mãe de todos e a todos acessível.*

Mas será que alguma vez foi assim?

Não encontrei os índios desta aldeia nus e perdidos no meio do mato. Mas encontrei-os em paz consigo e com o mundo. Até quando... não sei.

– Vamos dizer; eu sou do dia 11 de junho, agora a data de... de junho, agora do ano, eu não sei a data. Eu sou de junho, dia 11. E do dia 11 para cá, eu sempre convivi aqui nesta Barra Velha. De quando eu vim, do meu começo de vida até hoje, algumas coisas melhoraram e algumas coisas também pioraram. A nossa cultura piorou porque nós, cada tempo que vai passando, nós vamos perdendo a nossa cultura. Hoje eu posso dizer que estamos procurando resgatar alguma coisa, mas nunca vai voltar ao que era. Nunca vai. Isso aí eu tenho certeza. O que uma aldeia devia fazer, eu não sei, o que é que pode fazer era sempre manter a aldeia como sempre foi, as ocas de palha, de madeira, para que o turista que viesse dissesse: "Olha, eu tive lá na aldeia Barra Velha, a região de monte Pascoal, e lá eu encontrei os índios dentro de uma oca de palha, todo em barreado de barro que eles fazem de tapia. Os índios falando da sua cultura. Os índios comendo o seu peixe lá na moqueca, os índios..." Falando todos os seus costumes, né? Eu acho que isso era uma maneira, eu achava que era um futuro dos antepassados. Hoje nós estamos vivendo e aprendendo a vida nova. Quando eu falo vida nova é que, o que o turista traz de lá para cá, se ele traz uma máquina bonita, a gente gosta daquilo, quer comprar uma da mesma. Isso é a explicação que eu quero dizer que está mudando as coisas.

"Como nós estamos sabendo, não sei se isso vai acontecer, mas a gente está vendo as notícias, que vai passar uma estrada daquelas aqui no litoral da gente. E não sei nem o que é que as lideranças estão pensando nesse futuro. Porque tudo isso me preocupa. Que hoje eu tenho esse sossego, mas se passar uma estrada dessa aqui, eu não sei se eu vou ter esse sossego para a frente. Porque a partir de uma estrada dessa, a gente não pode dormir mais de porta aberta."

Em Barra Velha, quis filmar o Pajé, o feiticeiro e curandeiro local, e a sua mulher. Pedi ajuda à Turi, uma amiga que fizemos na aldeia, para nos levar à casa deles.

– Fechado! Tem ninguém, não, tá fechado!

Achava que eram velhos índios cheios de boas histórias para contar. Eles não me disseram que não, mas no momento combinado não estavam em casa. O pajé, segundo me explicou a Turi mais tarde, achava que os brancos vinham sempre ali buscar alguma coisa, mas no fim não deixavam nada em troca.

Ao fim do dia as coisas mudaram. A mulher do pajé veio ter comigo: queria pedir-me ajuda.

Uma vaca tinha caído num buraco no mato, e eles pediam que os levássemos no carro até ao local. Achei que essa poderia ser a minha grande cena. Além disso, ajudando-os, ganharia a sua confiança e poderia filmá-los. Tínhamos menos de uma hora de luz.

Pensei que era perto, mas demoramos quarenta minutos até chegar a um ponto para além do qual o carro não podia avançar. Nesta parte da floresta, destruída num incêndio recente, eles saíram apressadamente, indiferentes aos meus objetivos. Quase não conseguíamos filmá-los. Pedimos para irem mais devagar, mas não havia condescendências. Afinal, a vaca estava num buraco.

Chegamos à parte da floresta que o incêndio deixara intacta. Enquanto eles, descalços, alguns sem camisa, quase nus, avançaram sem hesitar, nós ficamos parados, incapazes de entrar no mato cerrado.

Procuramos uma trilha, um carreiro, mas em vão. Os índios seguiram por ali afora, deixando-nos a nós, os brancos, e a mim, o português, a vê-los desaparecer. Tal como acontecia há quinhentos anos...

RIO DE JANEIRO

Só voltei a encontrar os índios, ainda que brevemente, no Rio de Janeiro, aonde finalmente tinha chegado. Segui por algumas horas o Camaiurá e a sua família, que ocupavam o antigo Museu do Índio e iam para Copacabana.

Não procurei imediatamente o manuscrito por isso. Ao contrário do que imaginara, nem sequer estava muito ansioso. Era como se ao longo da viagem o manuscrito tivesse gradualmente perdido a sua importância. Não quero com isso dizer, meu caro

Agualusa, que o meu interesse por Fradique Mendes tenha esmorecido. Apenas tomou outros contornos.

Estavam à minha espera no Real Gabinete Português de Leitura. Contei ao funcionário que tinha feito mais de dois mil quilômetros para consultar o manuscrito de Fradique Mendes. Ele respondeu-me que o manuscrito estava aqui, há meses, disponível para consulta.

Quando o trouxe, verifiquei que era de leitura difícil. Além de uma caligrafia apertada, de que já o velho Eça se queixava, exibia todo o desgaste imposto pelo tempo. Realmente em Cairu não o devem ter guardado nas melhores condições. Numa leitura rápida apenas pude confirmar o que já me tinha sido contado e pouco mais.

Compreende agora quando lhe dizia no início desta carta que os filmes dão muitas voltas. Este não fugirá à regra.

Em breve lhe enviarei uma cópia para que possa julgar por si mesmo.

Um abraço,
José Barahona

P.S.

Este livro foi adaptado do filme "O manuscrito perdido", que por sua vez foi livremente inspirado nos livros "A correspondência de Fradique Mendes", escrito por Eça de Queirós, e "Nação criola, a correspondência secreta de Fradique Mendes", escrito por José Eduardo Agualusa.

Diário da filmagem

RIO DE JANEIRO
SETEMBRO DE 2009

Em setembro de 2009, no Rio de Janeiro, iniciamos a pré-produção do filme *O manuscrito perdido de Fradique Mendes,* como então se intitulava. As filmagens começariam no dia 17 de outubro, mas todo o processo começara muito antes. Eu ainda terminava a montagem do meu filme *Buenos Aires hora zero,* de 2004, quando viajei pela Bahia; li depois o livro *Nação criola,* de Agualusa, e tive a ideia de fazer este filme. Houve uma primeira imagem que me ficou da viagem e que originou tudo: aqueles "enormes braços de mar" por onde os portugueses devem ter andado perdidos há quinhentos anos, quando primeiro avistaram o monte Pascoal. Procuro no meu computador o arquivo inicial, as primeiras linhas que escrevi sobre este projeto, e não encontro. O que encontro é já uma quinta versão com data de 2005! O que aconteceu durante esse tempo? Todo o longo processo de amadurecimento do projeto, mas também, e principalmente, o longo e penoso caminho de financiamento de um filme.

SALVADOR
17 E 18 DE OUTUBRO DE 2009

Nas ruas de Salvador. O primeiro dia em busca do manuscrito, ou seja, em busca do filme que começava a tomar forma. É nestes primeiros dias que as nossas ideias são confrontadas com a realidade, que percebemos se podem ou não funcionar, que fazemos ajustes à linguagem que imaginamos, que nos encontramos uns aos outros dentro do espaço de trabalho de uma pequena equipe de filmagem.

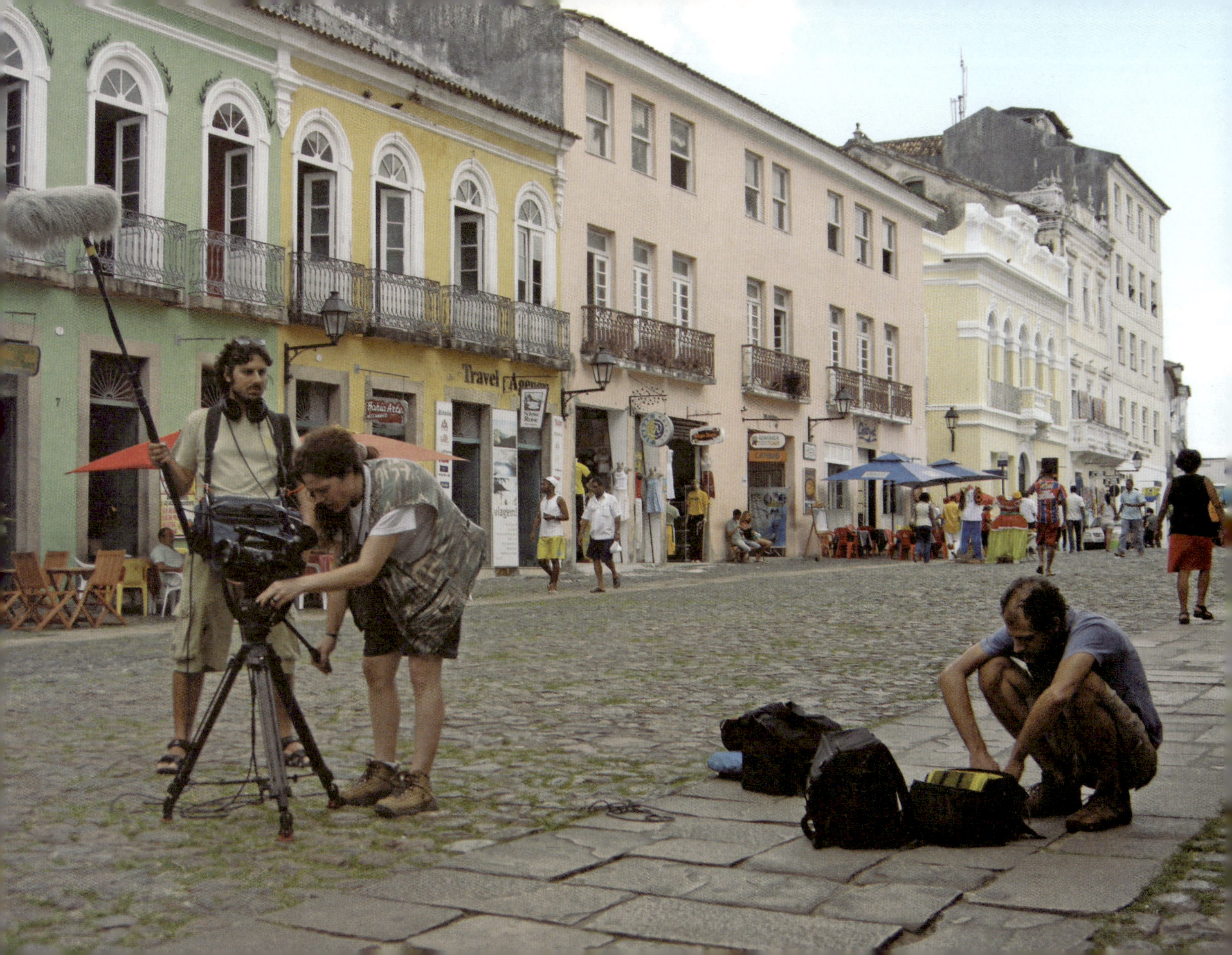
Travel
viagem

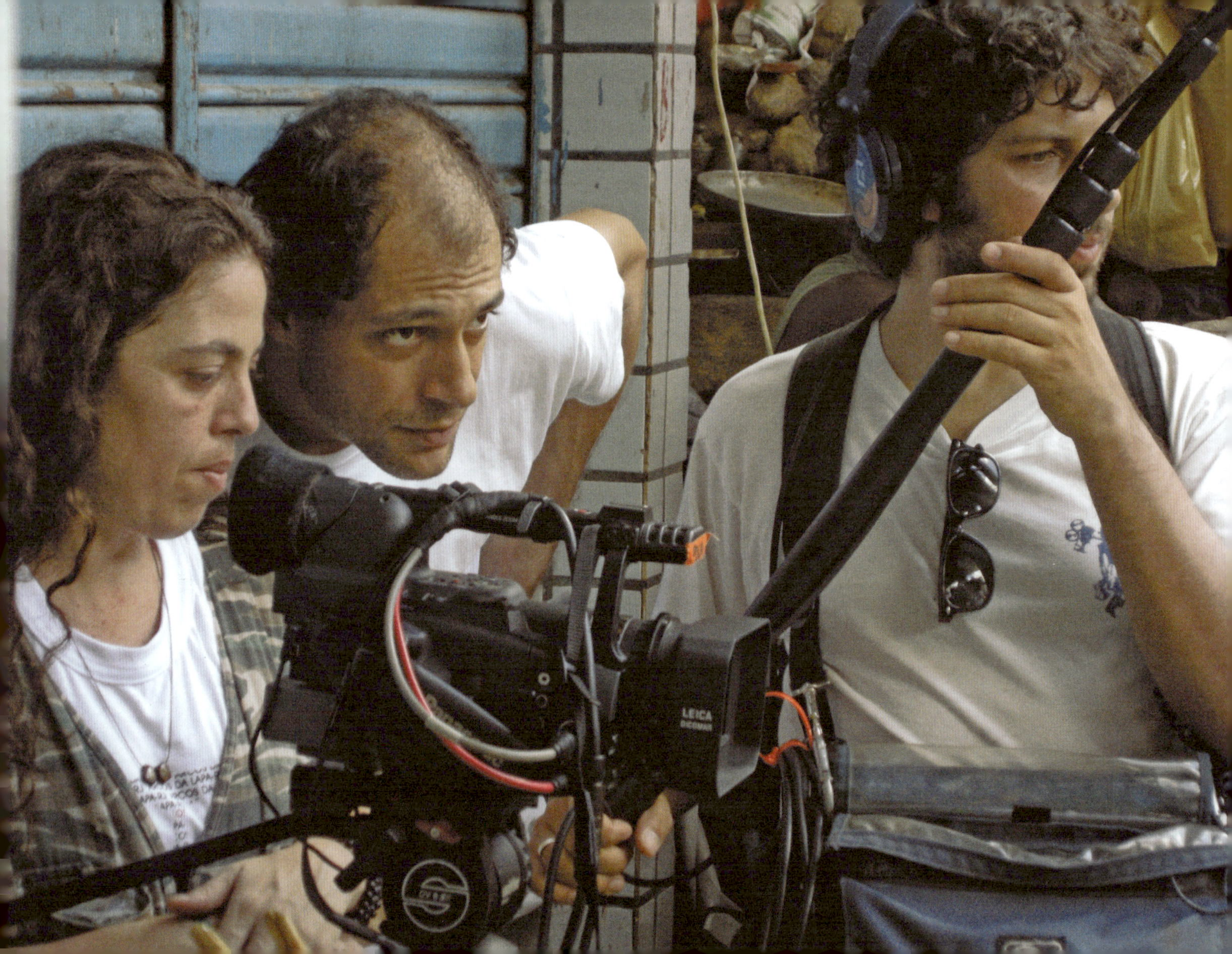
LEICA

Aqui no Mercado de São Joaquim, ainda em Salvador, a concentração é total: Marcela Bourseau olha a câmera atenta à luz e ao quadro, eu olho todo o entorno em busca do que está fora do quadro, do que pode acontecer, ou do que podemos ainda procurar, e o Pedro de Sá Earp olha algo que não distinguimos, mas na realidade não olha, ele escuta, escuta aquilo que pensa dever captar para o plano que fazemos.

Quando a câmera roda e as coisas acontecem, entramos num outro mundo. Ou melhor, numa visão do mundo que não é mais que o nosso olhar pessoal sobre aquilo que nos rodeia. Cada um de nós olha e sente as coisas de uma forma diferente. É isso que nos faz a todos únicos, é isso que faz de cada filme único. Muitos cineastas filmaram neste mercado. E cada um viu coisas diferentes.

BOITARACA
19 E 20 DE OUTUBRO DE 2009

Boitaraca foi o lugar mais difícil de filmar. Talvez por isso não haja fotografias da filmagem. A comunidade, muito fechada, achava que nós iriamos fazer uma grande produção de cinema. Para nos deixarem filmar, pediram em troca para construirmos uma ponte sobre o rio ou uma antena de celular, enfim, coisas que estavam completamente fora do nosso alcance. Quando finalmente chegamos a um acordo, eles tinham ideias claras sobre o que queriam que eu filmasse, o que não era de todo o que eu pretendia. Isso acontece às vezes. As pessoas querem mostrar o que acham que deve ser conhecido delas próprias e do lugar onde vivem. No diário, escrevi: "Início de dia duro. Descobrir como entrarmos nestas comunidades. Fizemos algumas cenas que não

Dia 19 de Outubro - Segunda - Boitaraca

Café da manhã: 6h
Almoço: 12h-13h
Local: Paraíso das Águas Hotel, contato: Tasiane (73) 3256-2385
Local:

Saída do hotel: 6:30
Transporte: Pickup/Marcello

Locação: MANHÃ (7h) - Quilombola Boitaraca
TARDE (13:30) - Quilombola Boitaraca

Endereço: Pegar estrada para Cairu

Contatos: Camylla (73) 9946-7365 - mylla_perolanegra@hotmail.com
Orelhão: (73) 3257-9050 e (73) 9938-3201
Mara (líder comunitária da Associação):
Táxi em Nilo Peçanha: Val: (73) 8142-7560

Produção/Observações gerais:

[Handwritten notes:] Início de dia duro. Descobri como estavam nestas comunidades, vim tirar cena p/ a saída, o trabalho deles, foi médio. Depois uma cena de reaste, nada. Estava deprimido. Falaram, mas uma volta melhorou muito, com uma nova entrevista e descubra: a forma de entrevistar é cenas do cotidiano. Acho que funcionou bem. Vemos. Estamos indo. Cada dia buscando a linguagem e as pessoas. É difícil buscar as pessoas sem entrevistas. Se não, não falam.

Dia 20 de Outubro - Terça - Filmagem Boitaraca/ Viagem p/ Cairu após filmagem

Café da manhã: 6h
Almoço: 12:30-13:30 Em Cairu (Lafayete)

Saída do hotel: 6:30
Transporte: Pickup/Marcello

Local: Paraíso das Águas Hotel, contato: Tasiane (73) 3256-2385

Hotel em Cairu: Lafayte Hostel, contato: (75) 9958-1726

Locação: MANHÃ (7h) - Quilombola
Saída de Boitaraca: 12h
TARDE (13:30) - Plano da rua atrás do Convento / Convento fachada / Igreja Matriz / Vista do rio desde a Matriz/ Rua
Porto / planos gerais
TARDE (16:30) - Convenção Municipal de Cultura/Caminhada com manifestações culturais

Produção/Observações gerais: Chegada do Bira (ator Frei - Tel. (71) 9979-0168) a Cairu
Bira dorme no Paraíso das Águas (combinar translados)

[Handwritten notes:] Manhã boa em Boitaraca. Voltamos a casa dos dois personagens que filmamos ontem e de fato vai se estabelecendo uma boa relação/ de mais confiança, e eles sustaram. O medida de Selma quis participar. Lá em Boitaraca todos devem ter achado estranho nos irmos filmar o único quilombo branco da "cidade". Mas o Brasil é isso. Tarde em Cairu sem inspiração. Planos gerais, marca cultural volta das em retribuição pelo apoio prestado.

servem, tentando contornar o que querem de nós. Com a dona Celina as coisas melhoraram, e descobri como filmar estas pessoas. Encontrei a linguagem". E no dia seguinte: "Manhã boa em Boitaraca. Voltamos à casa dos dois personagens que filmamos ontem. E de fato vai se estabelecendo uma boa relação, de mais confiança".

CAIRU
21 DE OUTUBRO DE 2009

No porto de Cairu, depois de um longo e exaustivo dia, como são todos os dias de filmagem. Sob um calor abrasador, aproveitamos a espera por um barco, que tarda em chegar, para fazer uma pausa.

A filmagem de Cairu não foi feita logo a seguir a Salvador, como acontece na cronologia do filme. Nos filmes – mesmo aqueles que teimamos em apelidar de documentários e que por isso são supostamente um retrato da realidade –, a realidade de uma filmagem não é igual à "realidade" de um filme. O fato é que durante a montagem chegamos à conclusão de que a sequência de Cairu ficaria melhor antes da sequência que filmamos nos dias logo

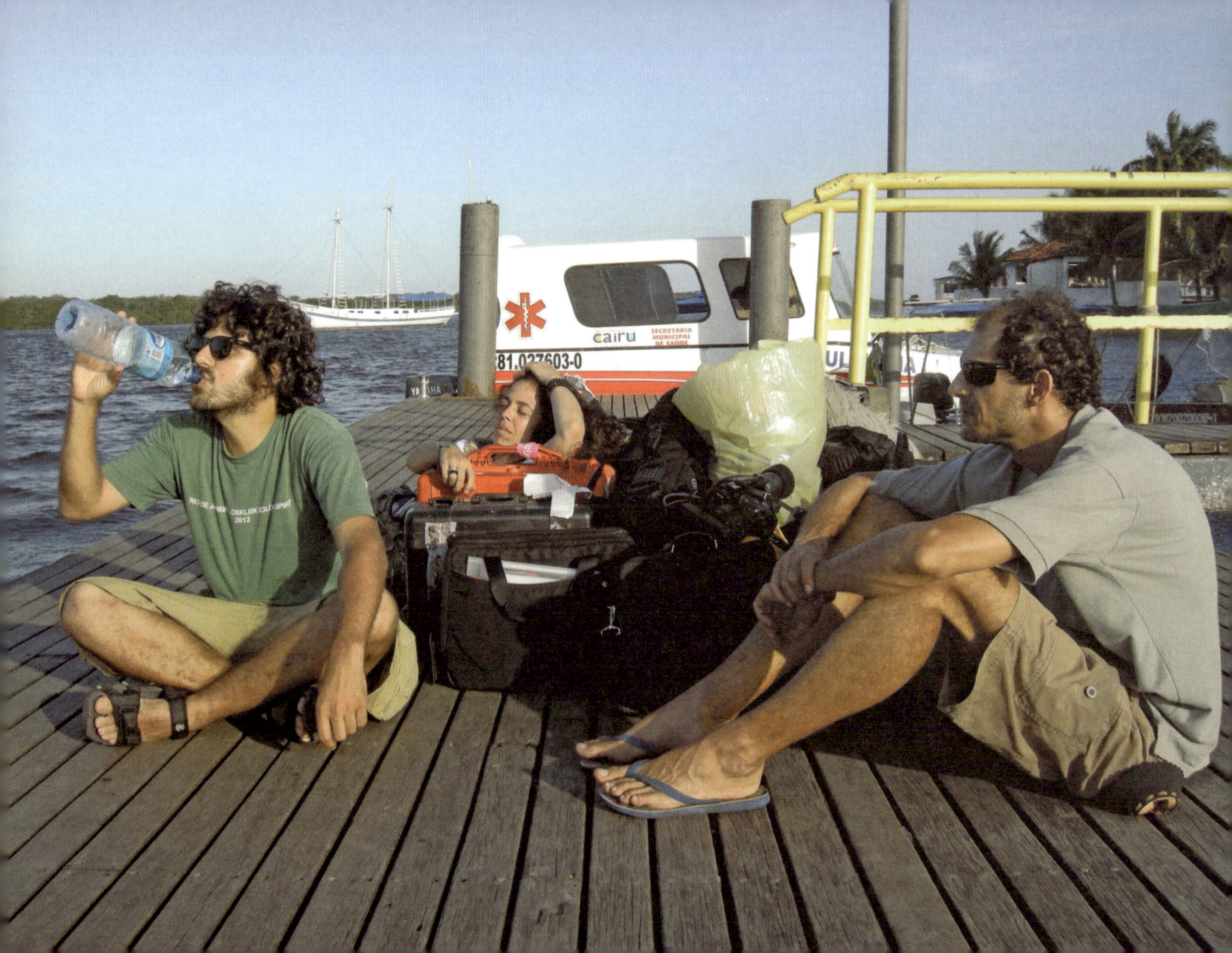
cairu
SECRETARIA MUNICIPAL DE SAÚDE

seguintes a Salvador, que foi a filmagem de Boitaraca. Os filmes são assim, a realidade nada tem a ver com eles.

No meu dossiê de filmagem escrevi algumas notas de forma muito tosca, apenas para registrar certas situações, certos problemas e sentimentos que, muitas vezes, com o passar do tempo, temos tendência a esquecer. Uma espécie de diário, com poucas preocupações literárias. Nesse dia escrevi: "Cena difícil com o monge. Aproximação ao convento, má. Frei Hilton muito bom. Acho que conseguimos fechar bem a cena. Viagem para Boipeba com a luz acabando, ondas e barco com o motor falhando. Tudo ruim. Temos que repetir o plano".

BOIPEBA
22 (FOLGA), 23, 24 E 25 DE OUTUBRO DE 2009

Em Boipeba, atravessamos a ilha com o Alain, o Pedaço e a Vadia, a mula que carregou o nosso equipamento. Uma longa caminhada no sol. "Boa caminhada. Vários *takes*, várias situações, foi bom. Voltamos à cidade para filmar uma cena de música popular no boteco. O cantor com quem tínhamos combinado não apareceu. Encontramos outro e funcionou. Marcela, a fotógrafa, muito insatisfeita com a imagem noturna que eu insisti em fazer. Tensões, como sempre, começam a aparecer. Mas acabou por funcionar". Dia 24: "Dia muito corrido. Resultado: as coisas não ficaram tão bem. É preciso escolher e fazer menos, mas bem". Dia 25: "Onze horas e ainda não filmamos nada! Barco de volta atrasado, a cena da capoeira não aconteceu. Não

115

apareceram. Enfim, não é grave, a capoeira era um extra, uma cena de passagem, mas o plano do barco é um plano sonhado há seis anos. A primeira imagem que imaginei para este filme, e já falhou na ida. Esperamos o barco. Não saio do barco sem conseguir o plano!" Na verdade, o barco veio tarde e precisamos pagar um extra de gasolina para fazer meio percurso a mais e atrasar todo o regresso previsto, o que implicou grandes problemas de produção e logística. A Marcela não queria fazer o plano com o tripé porque a câmera tremia muito. Eu achava que podíamos conseguir pelo menos alguns bons momentos. Mais tarde, escrevi: "Consegui fazer o plano do barco! Tive de lutar por causa do tripé, atrasou a viagem, foi uma confusão, mas consegui. É preciso insistir nas nossas ideias, lutar e lutar até concretizar o sonho de uma imagem. Fazer um filme é isso".

EUNÁPOLIS
ASSENTAMENTO E ACAMPAMENTO DOS SEM-TERRA
27 E 28 OUTUBRO DE 2009

Dias duros e extenuantes. Tivemos oportunidade de sentir na pele como é difícil viver aqui, ainda mais nestas condições. "Chuva! Chove muito. Algumas abertas e filmamos. Aula com professor não funcionou. A ideia era boa, a história do Brasil vista através dos movimentos sociais. Mas o professor foi mal. Não funcionou. No acampamento, mais chuva. Fizemos planos gerais e cenas de situação. Ficou escuro muito cedo. Será que vai ser assim até o fim do filme? Há quatro dias que não para de chover..." No dia seguinte, escrevi: "Acordar às cinco horas e voltar ao hotel às oito, dormir à meia-noite. Dia duro mas rentável. Entre as abertas da chuva, conseguimos filmar muitas coisas boas". A lama, a chuva, tudo era complicado. Mexíamo-nos com dificuldade

3CCD
LEICA
DICOMAR
FOCUS ASSIST
ND FILTER
PUSH AUTO
BARS
SHUTTER
SPEED SEL
CH1 SELECT
CH2 SELECT
INPUT 1
INPUT 2
AUDIO
COUNTER
RESET/TC SET
ZEBRA
OIS
USER 1
USER 2
USER 3
AUTO
MANUAL

e lentamente. A Marcela, excelente fotógrafa que fez um magnífico trabalho, estava preocupada porque eu não fazia planos de corte, imagens de detalhe para manipular o tempo das cenas na montagem. Sentamo-nos durante uma pausa e conversamos. Acho que só nesse momento pude explicar que não fazia essas imagens, não porque não sabia a gramática do cinema, o que acontece com alguns diretores, mas porque não queria. Eu queria o filme pautado por longos e fortes planos gerais fixos, sem movimentos de câmera exceto aqueles que resultariam das deslocações de carro ou de barco. Imagino que talvez só quando viu o filme pronto a Marcela descansou. Mas a partir daí as nossas tensões acabaram.

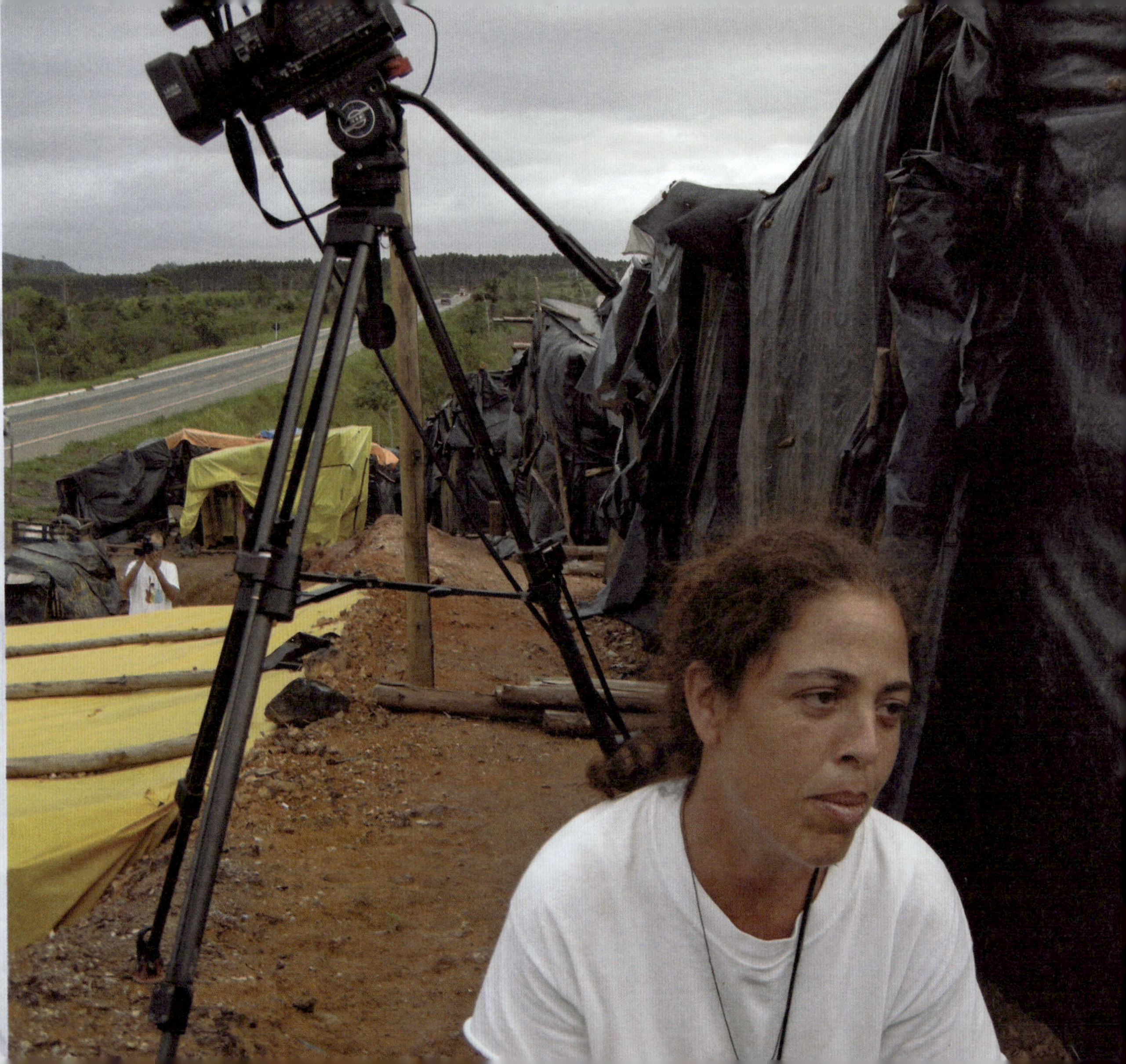

COROA VERMELHA
29 (FOLGA), 30 E 31 DE OUTUBRO DE 2009

Tal como aconteceu antes, estes dias não são cronologicamente iguais à sequência que aparece no filme. "Dia ruim. Continua chovendo. Pouca inspiração e bastante cansaço. Os personagens que tinha encontrado na viagem de preparação e com os quais tinha combinado encontros para estes dias tinham ido viajar para uns jogos tradicionais entre tribos no norte do país. O Ari, um homem que trabalhou com os índios durante quarenta anos e que nos acompanhou e ajudou durante toda a etapa indígena, me explicou que os índios são assim. A noção do tempo, as combinações, os encontros, são para eles muito tênues e diferentes. Nós, habituados a planos de trabalho muito rígidos, tínhamos de estar abertos a isso. Era assim, e é assim ainda hoje. Conseguimos algumas personagens interessantes. O Itambé, o Capim Bará e o casal. Salvaram a sequência".

Nestes dias trabalhamos sempre com chuva. Por vezes o trabalho em cinema parece ser glamoroso. Trabalhamos ao ar livre, sempre em locais diferentes, nas belas praias da Bahia. Mas o trabalho não para, seja debaixo de chuva, seja debaixo de um sol impiedoso. As equipes de cinema suportam, em todos os lugares do mundo, todas as condições adversas que a natureza tem para nos oferecer.

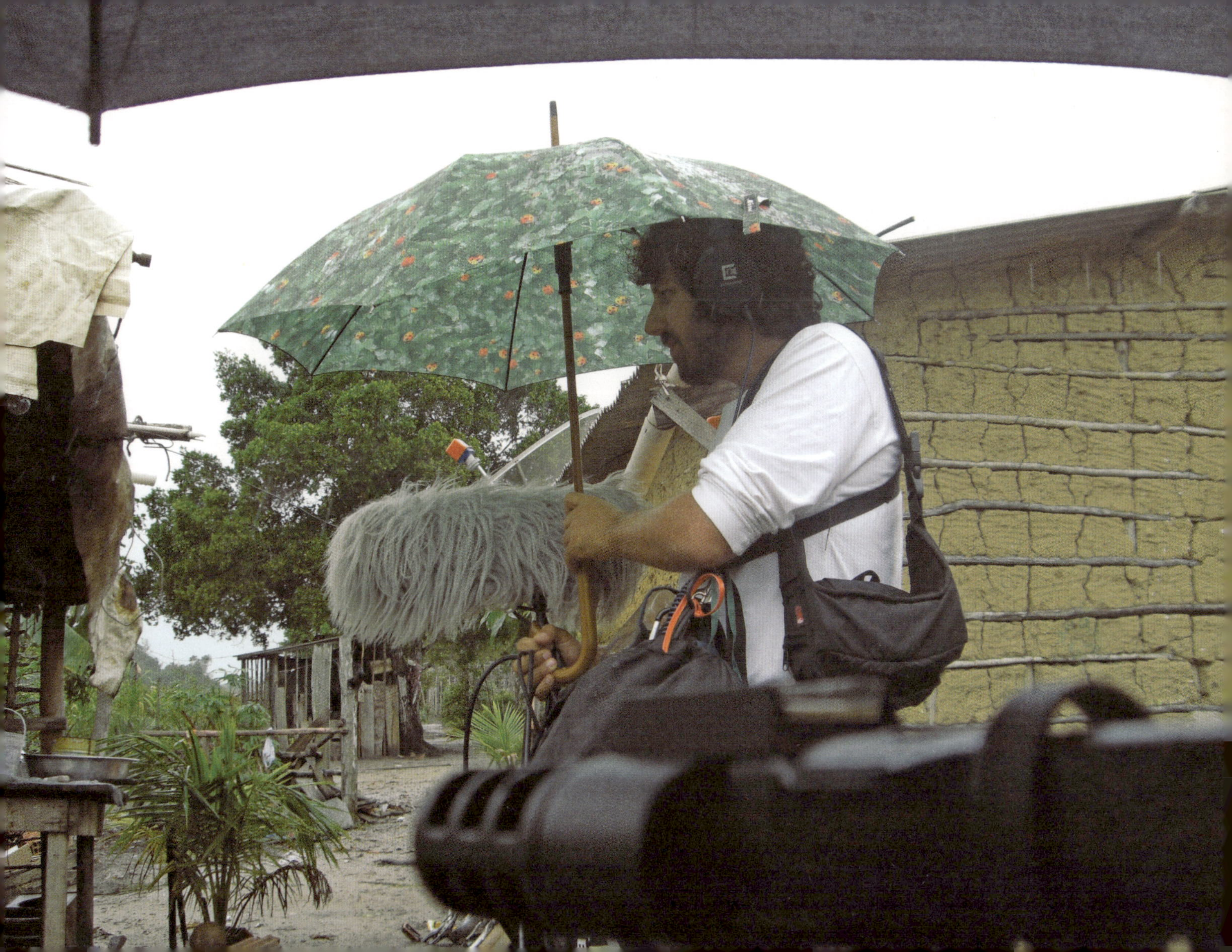

BARRA VELHA
1º (VIAGEM), 2, 3 E 4 DE NOVEMBRO DE 2009

Espantam-me sempre as cores vivas com que as pessoas pintam o interior destas casas. Em Portugal é tudo branco. Mas isso beneficiou, em muito, o nosso filme. Se fosse ficção (e nunca estou certo do que é ficção e do que é documentário), a escolha das cores das casas dos personagens seria uma escolha acertada.

Foi uma filmagem ao ritmo da aldeia. Lenta, mas muito rica. Aconteceu a cena da vaca, uma das mais importantes do filme. "O pajé e a mulher fugiam dos encontros combinados, mas apareceram para pedir ajuda para salvar uma vaca que estava caída num buraco." Já na altura, o que escrevi nas minhas notas dessa noite é muito

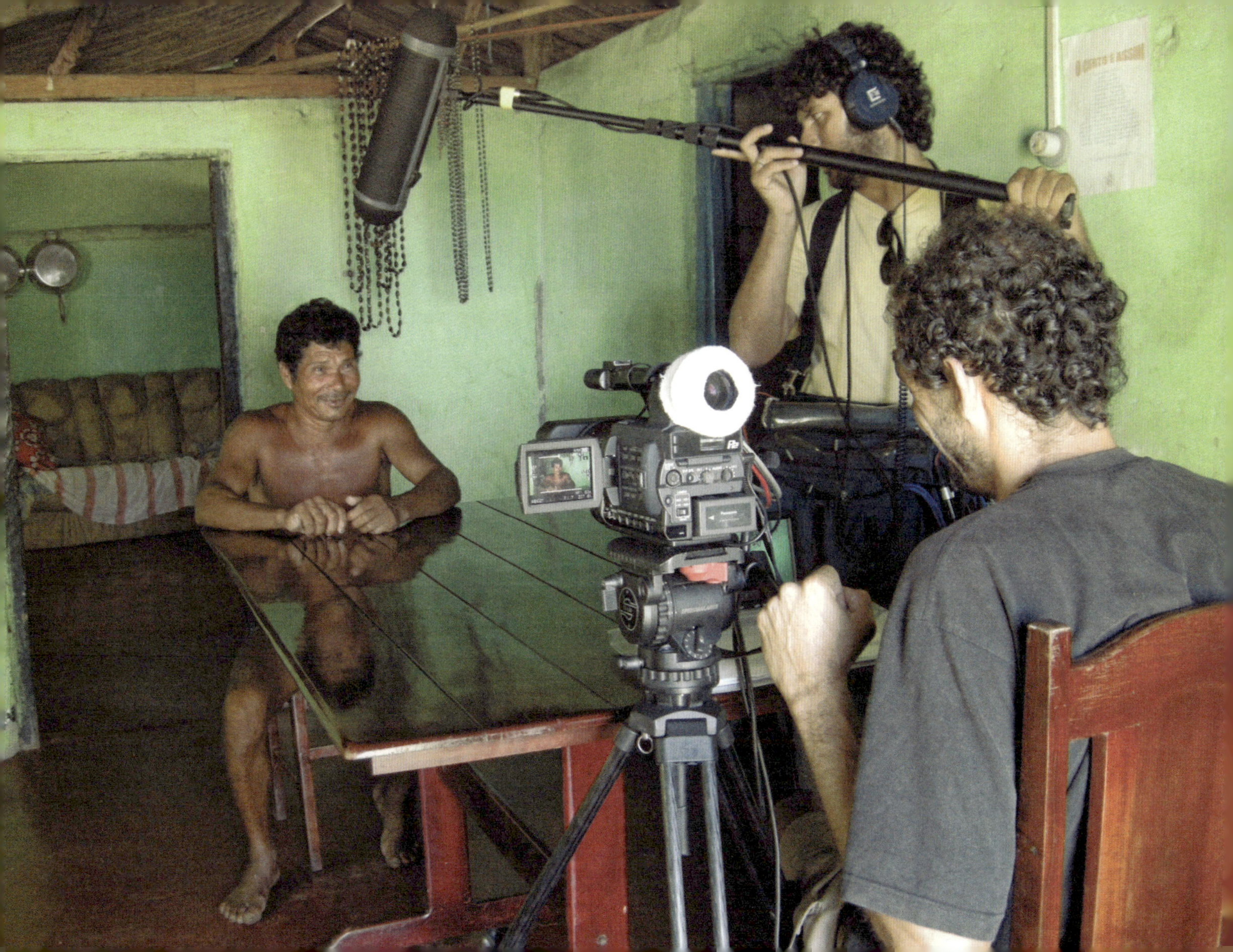

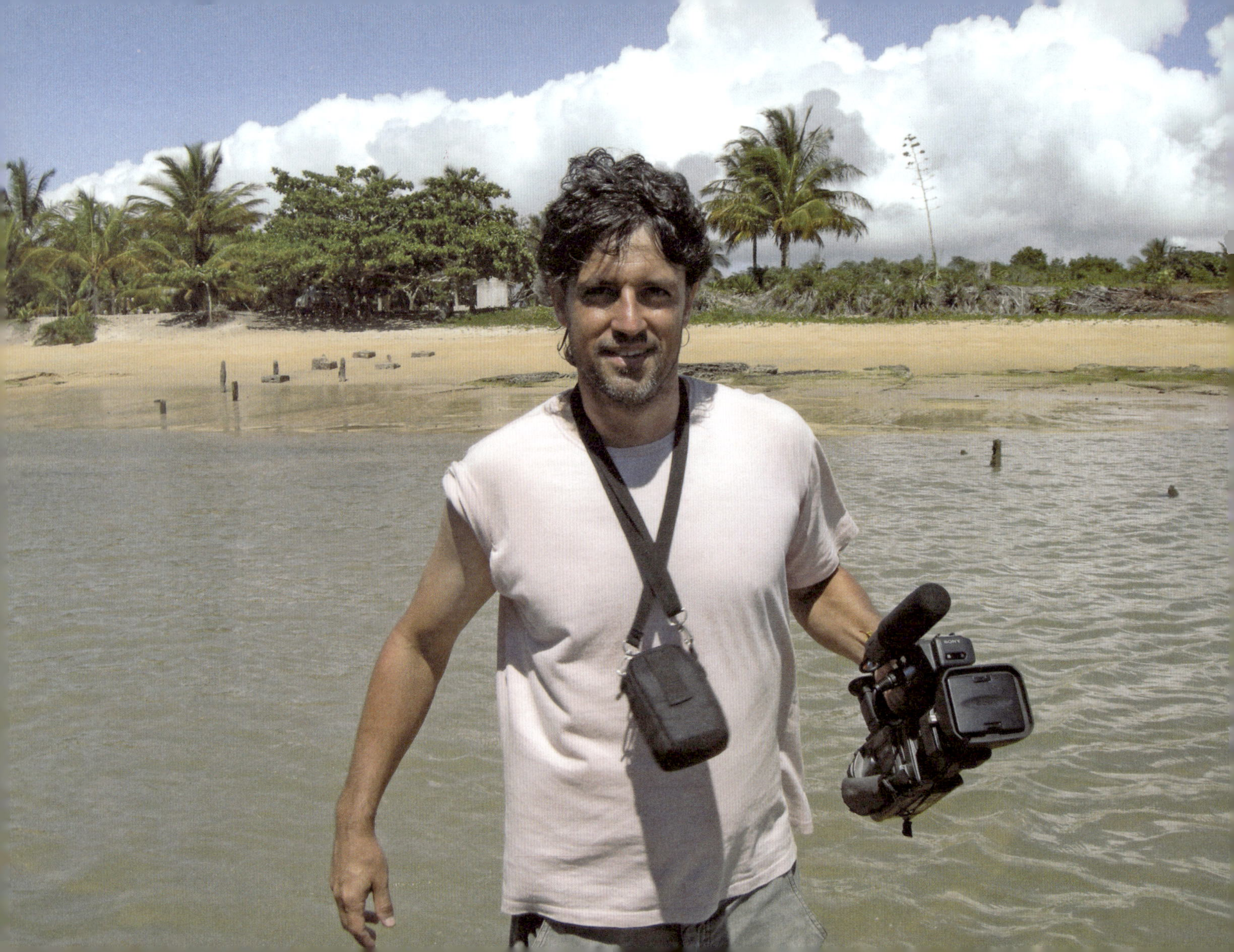

próximo do texto final do filme: "Achei que podia ser uma cena boa. Andamos meia hora de carro, e a luz caiu, eles entraram no mato, e nós não. Há uma cena para tirar daqui, mas não foi o que imaginei de princípio. Os índios entraram no mato; nós, os brancos, não conseguimos".

Foi em Barra Velha que fizemos as imagens do mar. O Luciano Pérez Fernández, nosso assistente, carrega a segunda câmera pelo meio da água (uma boa metáfora para o cargo de assistente de direção). Um assistente de direção, produtor no terreno, não é alguém de menos. É alguém que está atrás e à frente ao mesmo tempo e que conhece a fundo tudo aquilo que fazemos e que queremos concretizar.

Tentamos então fazer o que eu chamava o "plano Pero Vaz de Caminha", a primeira visão do europeu de terras do Brasil. Aquilo que imaginamos através dos livros nem sempre corresponde ao que encontramos. Sempre pensei que o monte Pascoal visto do mar fosse uma coisa imponente. Na verdade, era um ponto ligeiramente mais alto no horizonte. Esse é o perigo da literatura. Ou talvez seja antes a magia da literatura – que nos deixa imaginar livremente imagens a partir das descrições. O cinema tem esse lado muito objetivo da imagem "real". Por isso, é preciso criar a fantasia. De outras formas.

RIO DE JANEIRO
7 E 8 DE NOVEMBRO DE 2009

Filmei muita coisa no Rio. O Camaiurá e a sua família ocupavam o antigo Museu do Índio, perto do Maracanã. Filmei depoimentos, falamos das suas lutas, filmei outras pessoas e a luta dos índios para verem reconhecidos os seus direitos. Depois, na montagem, chegamos à conclusão de que as imagens eram muito mais fortes e insólitas sem qualquer palavra. No processo dialético que é um filme, estas sequências com os índios vestidos a rigor na cidade grande, o que não acontecia nas suas aldeias, em "diálogo" com tudo aquilo que vemos antes, acaba por ter mais força do ponto de vista cinematográfico. A sequência acaba por constituir um epílogo que me agrada bastante por ser inusitada.

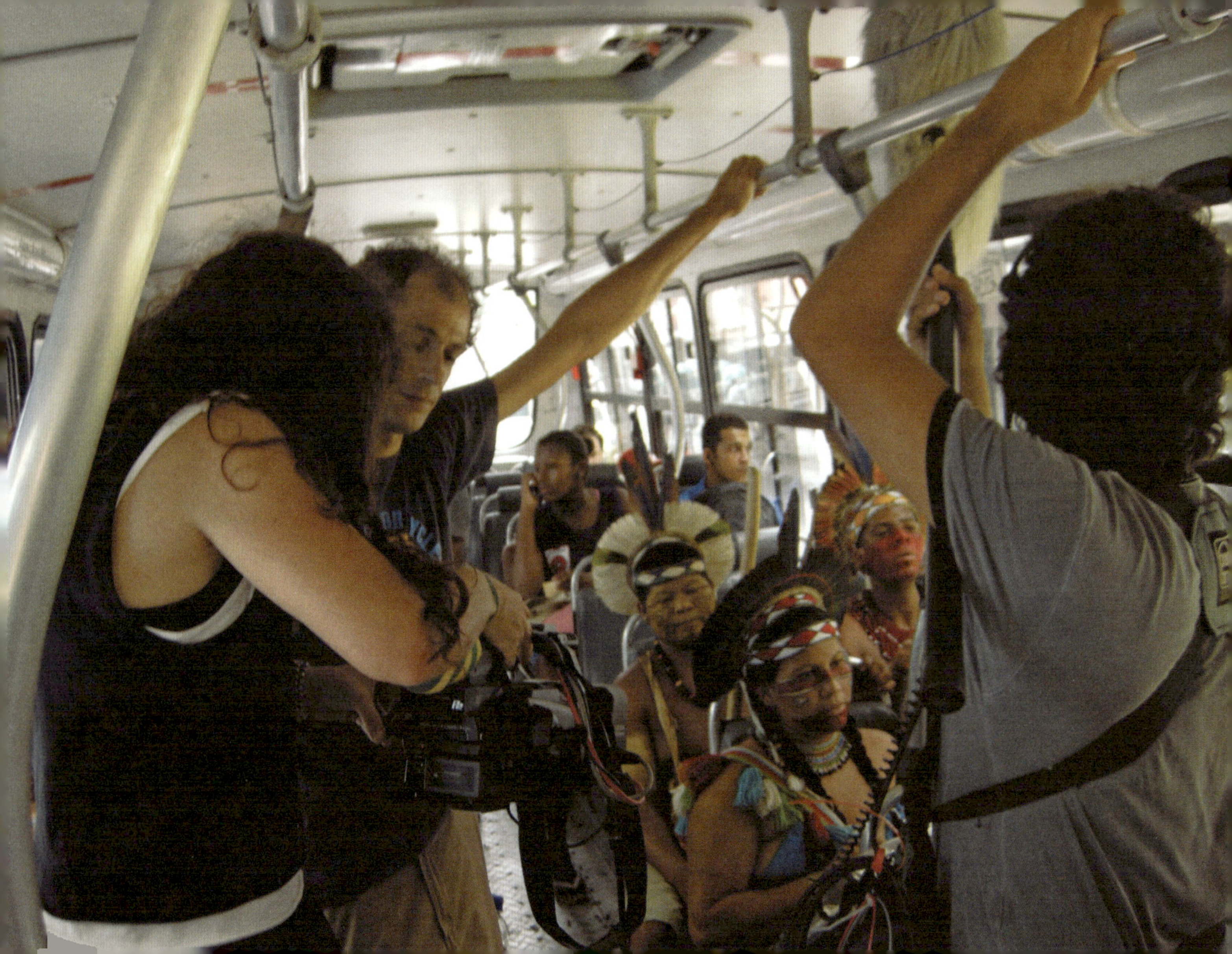

Agora teríamos pela frente um ano de montagem e acabamentos até à estreia do filme, que aconteceu em outubro de 2010, em Lisboa.

O caminho a percorrer durante um filme é sempre longo e penoso. Com momentos altos e baixos. Existem tensões e alegrias, tristeza e saudade, horas de festa e camaradagem. Por isso ficamos para sempre ligados às pessoas com quem trabalhamos, porque esses tempos fazem a nossa vida.

Nos seus momentos de solidão, num quarto de hotel ou apenas dentro da sua cabeça durante uma caminhada, o diretor tanto pode achar que não vai conseguir fazer um bom filme, ou um filme sequer, como lhe parece que está criando uma obra máxima de cinema. Nenhuma das duas hipóteses é verdadeira, mas, mal ou bem, sempre chegamos ao fim do caminho.

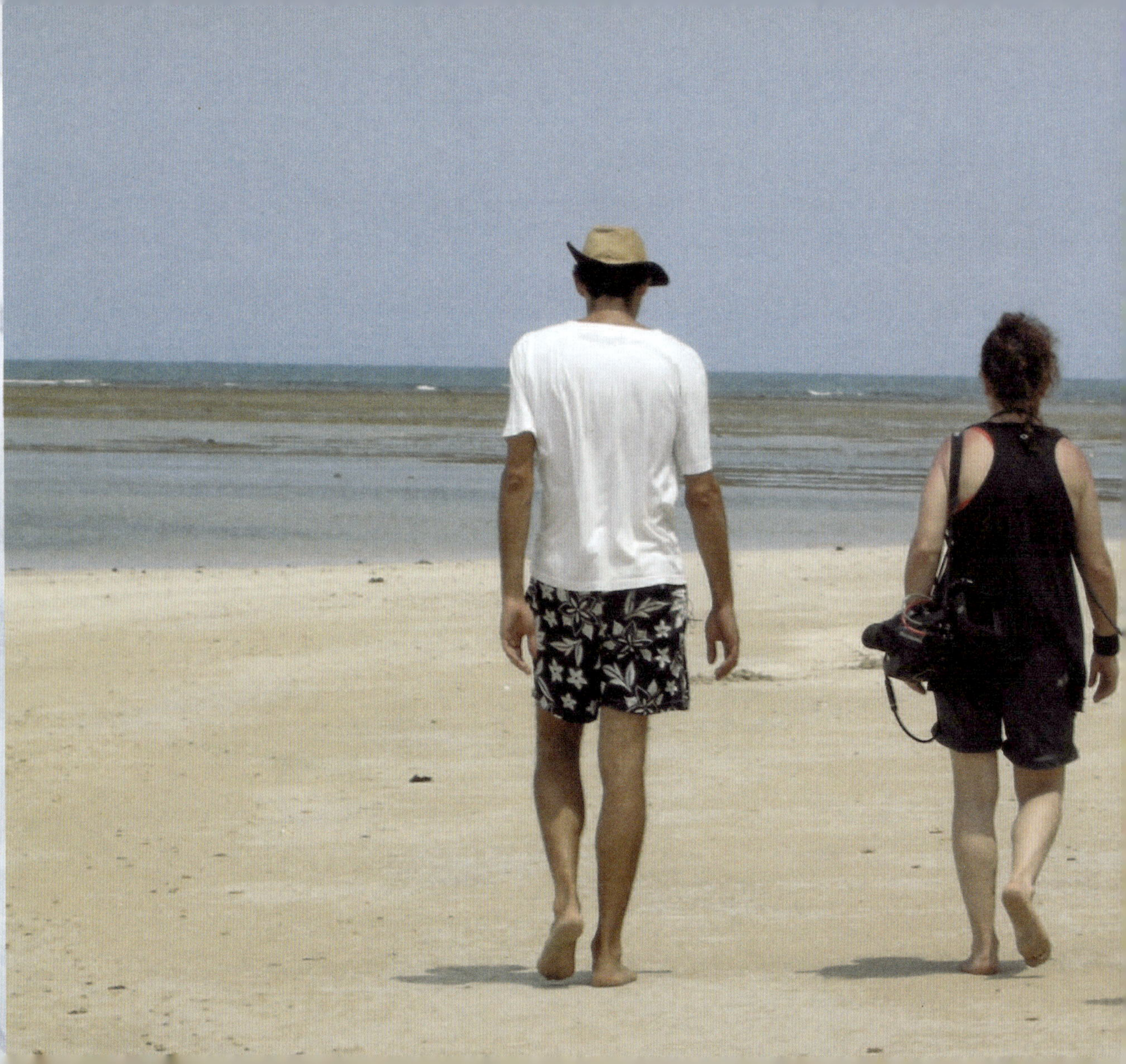

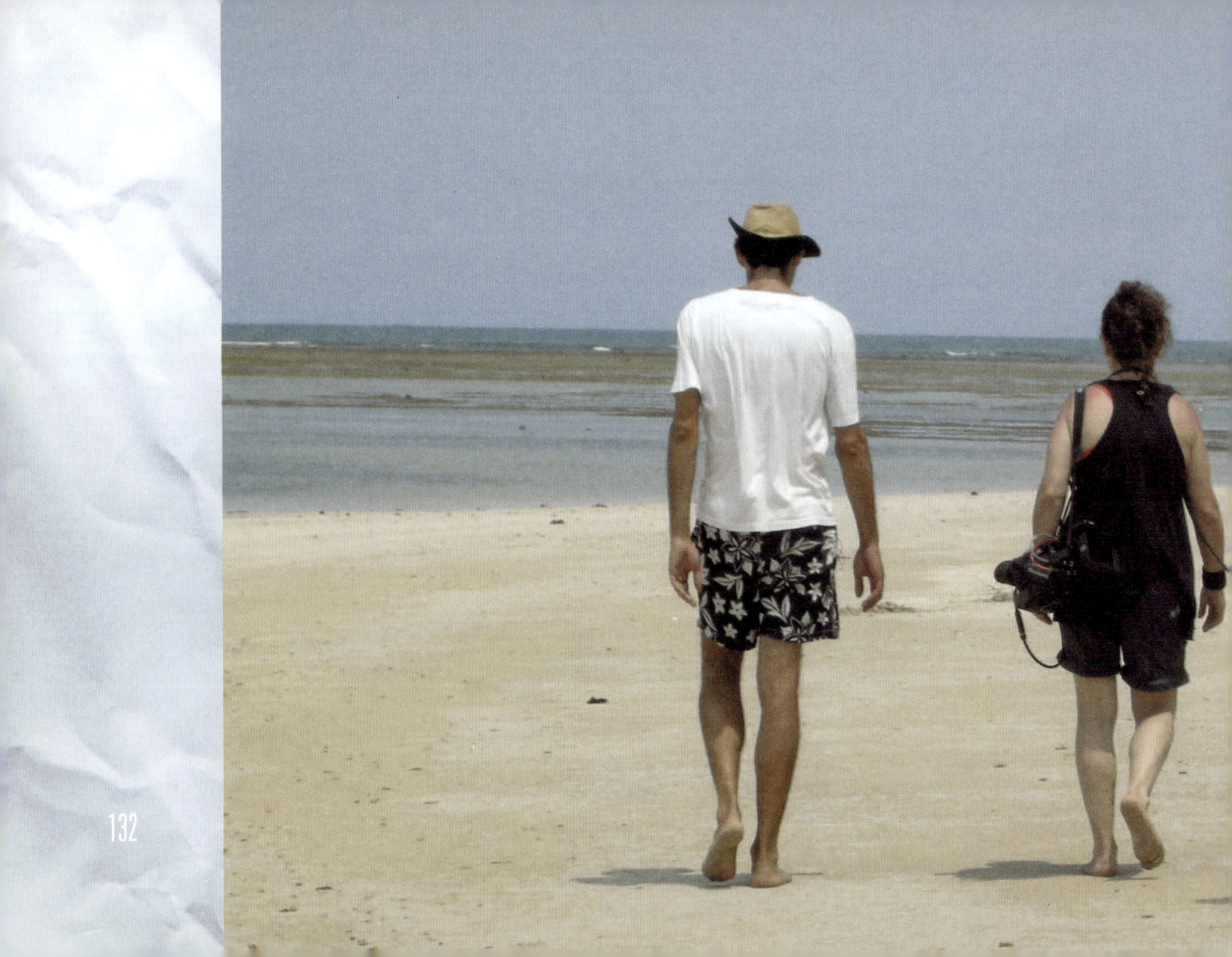

AGRADECIMENTOS

Para a realização deste projeto, contamos com a preciosa colaboração de José Eduardo Agualusa, que autorizou a reprodução da carta e escreveu a resposta inicial. Como meu colaborador na escrita da carta contei com a ajuda do meu amigo de sempre Francisco Luís Parreira.

Os personagens cujos depoimentos são citados são também meus coautores, pois é deles a inteira responsabilidade pelas falas aqui transcritas: os atores Bira Freitas e Alain Félix, e também o Joca, o Ney da Cana, o frei Hilton, a dona Celina, a Edna, o pajé Itambé, o Capim Bará, a Antônia e o João, a Maria Isabel e o Zézito, o senhor José e o senhor Aldacir, a Noêmia e o Zé Bairá.

Não posso deixar de agradecer também à equipe que me acompanhou nesta viagem: Luciano Pérez Fernández, Marcela Bourseau, Pedro de Sá Earp, Marcello Bendictis, Ari Barreira Parente, Carolina Dias, Bárbara Valentina e Fernando Vendrell. E também às produtoras do filme, David & Golias (Portugal) e Refinaria Filmes (Brasil), que cederam grande parte dos materiais que fazem parte deste livro. Por fim, agradeço a Joaci Pereira Furtado, pelo convite para fazer este livro.

A fotografia do filme é da autoria de Marcela Bourseau, e as fotos do diário de filmagem são da Marcela Bourseau e do Luciano Pérez Fernández.

Este livro, composto com tipografia Electra e Justlefthand e diagramado pela Alaúde Editorial Limitada, foi impresso em papel Offset cento e vinte gramas pela Editora e Gráfica Bernardi Limitada no centésimo décimo ano da publicação de *Os sertões*, de Euclides da Cunha. São Paulo, outubro de dois mil e doze.